OFF INTO BOTANY

SKIZZENMONSTER
OUTDOOR NOTEBOOKS

DATE _____ LOCATION _____

SIZE _____

LEAVES _____

FLOWERS _____

FRUITS _____

ROOTS _____

STEM/TRUNK _____

PLANT FAMILY _____

HABITAT & ENVIRONMENT

_____
_____
_____
_____
_____
_____
_____
_____
_____

EFFECT & USAGE

_____
_____
_____
_____
_____
_____
_____
_____
_____

ADDITIONAL NOTES

_____
_____
_____
_____
_____

DATE _____   LOCATION _____

SIZE _____

LEAVES _____

FLOWERS _____

FRUITS _____

ROOTS _____

STEM/TRUNK _____

PLANT FAMILY _____

HABITAT & ENVIRONMENT

_____
_____
_____
_____
_____
_____
_____
_____
_____
_____
_____

EFFECT & USAGE

_____
_____
_____
_____
_____
_____
_____
_____
_____
_____

ADDITIONAL NOTES

_____
_____
_____
_____
_____

DATE _____ LOCATION _____

SIZE _____

LEAVES _____

FLOWERS _____

FRUITS _____

ROOTS _____

STEM/TRUNK _____

PLANT FAMILY _____

HABITAT & ENVIRONMENT

_____
_____
_____
_____
_____
_____
_____
_____
_____
_____

EFFECT & USAGE

_____
_____
_____
_____
_____
_____
_____
_____
_____
_____

ADDITIONAL NOTES

_____
_____
_____
_____
_____

DATE _____   LOCATION _____

SIZE _____

LEAVES _____

FLOWERS _____

FRUITS _____

ROOTS _____

STEM/TRUNK _____

PLANT FAMILY _____

HABITAT & ENVIRONMENT
_____
_____
_____
_____
_____
_____
_____
_____
_____
_____
_____

EFFECT & USAGE
_____
_____
_____
_____
_____
_____
_____
_____
_____
_____
_____

ADDITIONAL NOTES
_____
_____
_____
_____
_____

DATE _____ LOCATION _____

SIZE _____

LEAVES _____

FLOWERS _____

FRUITS _____

ROOTS _____

STEM/TRUNK _____

PLANT FAMILY _____

HABITAT & ENVIRONMENT

_____
_____
_____
_____
_____
_____
_____
_____
_____
_____

EFFECT & USAGE

_____
_____
_____
_____
_____
_____
_____
_____
_____
_____

ADDITIONAL NOTES

_____
_____
_____
_____
_____

DATE _____ LOCATION _____

SIZE _____

LEAVES _____

FLOWERS _____

FRUITS _____

ROOTS _____

STEM/TRUNK _____

PLANT FAMILY _____

HABITAT & ENVIRONMENT

_____
_____
_____
_____
_____
_____
_____
_____
_____
_____
_____

EFFECT & USAGE

_____
_____
_____
_____
_____
_____
_____
_____
_____
_____
_____

ADDITIONAL NOTES

_____
_____
_____
_____
_____

DATE _____   LOCATION _____

SIZE _____

LEAVES _____

FLOWERS _____

FRUITS _____

ROOTS _____

STEM/TRUNK _____

PLANT FAMILY _____

HABITAT & ENVIRONMENT

_____
_____
_____
_____
_____
_____
_____
_____
_____
_____
_____

EFFECT & USAGE

_____
_____
_____
_____
_____
_____
_____
_____
_____
_____
_____

ADDITIONAL NOTES

_____
_____
_____
_____
_____

DATE _____   LOCATION _____

SIZE _____

LEAVES _____

FLOWERS _____

FRUITS _____

ROOTS _____

STEM/TRUNK _____

PLANT FAMILY _____

HABITAT & ENVIRONMENT

_____
_____
_____
_____
_____
_____
_____
_____
_____
_____

EFFECT & USAGE

_____
_____
_____
_____
_____
_____
_____
_____
_____
_____

ADDITIONAL NOTES

_____
_____
_____
_____
_____

DATE _____ LOCATION _____

SIZE _____

LEAVES _____

FLOWERS _____

FRUITS _____

ROOTS _____

STEM/TRUNK _____

PLANT FAMILY _____

HABITAT & ENVIRONMENT

_____
_____
_____
_____
_____
_____
_____
_____
_____
_____

EFFECT & USAGE

_____
_____
_____
_____
_____
_____
_____
_____
_____

ADDITIONAL NOTES

_____
_____
_____
_____
_____

DATE _____   LOCATION _____

SIZE _____

LEAVES _____

FLOWERS _____

FRUITS _____

ROOTS _____

STEM/TRUNK _____

PLANT FAMILY _____

HABITAT & ENVIRONMENT

_____
_____
_____
_____
_____
_____
_____
_____
_____
_____
_____

EFFECT & USAGE

_____
_____
_____
_____
_____
_____
_____
_____
_____
_____
_____

ADDITIONAL NOTES

_____
_____
_____
_____
_____

DATE _____   LOCATION _____

SIZE _____

LEAVES _____

FLOWERS _____

FRUITS _____

ROOTS _____

STEM/TRUNK _____

PLANT FAMILY _____

HABITAT & ENVIRONMENT

_____
_____
_____
_____
_____
_____
_____
_____
_____
_____

EFFECT & USAGE

_____
_____
_____
_____
_____
_____
_____
_____
_____
_____

ADDITIONAL NOTES

_____
_____
_____
_____
_____

DATE _____ LOCATION _____

SIZE _____

LEAVES _____

FLOWERS _____

FRUITS _____

ROOTS _____

STEM/TRUNK _____

PLANT FAMILY _____

HABITAT & ENVIRONMENT

_____
_____
_____
_____
_____
_____
_____
_____
_____
_____

EFFECT & USAGE

_____
_____
_____
_____
_____
_____
_____
_____
_____
_____

ADDITIONAL NOTES

_____
_____
_____
_____
_____

DATE _____ LOCATION _____

SIZE _____

LEAVES _____

FLOWERS _____

FRUITS _____

ROOTS _____

STEM/TRUNK _____

PLANT FAMILY _____

HABITAT & ENVIRONMENT

_____
_____
_____
_____
_____
_____
_____
_____
_____
_____

EFFECT & USAGE

_____
_____
_____
_____
_____
_____
_____
_____
_____

ADDITIONAL NOTES

_____
_____
_____
_____
_____

DATE _____ LOCATION _____

SIZE _____

LEAVES _____

FLOWERS _____

FRUITS _____

ROOTS _____

STEM/TRUNK _____

PLANT FAMILY _____

HABITAT & ENVIRONMENT

_____
_____
_____
_____
_____
_____
_____
_____
_____
_____

EFFECT & USAGE

_____
_____
_____
_____
_____
_____
_____
_____
_____
_____

ADDITIONAL NOTES

_____
_____
_____
_____
_____

DATE _____ LOCATION _____

SIZE _____

LEAVES _____

FLOWERS _____

FRUITS _____

ROOTS _____

STEM/TRUNK _____

PLANT FAMILY _____

HABITAT & ENVIRONMENT

_____
_____
_____
_____
_____
_____
_____
_____
_____
_____
_____

EFFECT & USAGE

_____
_____
_____
_____
_____
_____
_____
_____
_____
_____
_____

ADDITIONAL NOTES

_____
_____
_____
_____
_____

DATE _____ LOCATION _____

SIZE _____

LEAVES _____

FLOWERS _____

FRUITS _____

ROOTS _____

STEM/TRUNK _____

PLANT FAMILY _____

HABITAT & ENVIRONMENT

_____
_____
_____
_____
_____
_____
_____
_____
_____
_____
_____

EFFECT & USAGE

_____
_____
_____
_____
_____
_____
_____
_____
_____
_____

ADDITIONAL NOTES

_____
_____
_____
_____
_____

DATE _____   LOCATION _____

SIZE _____

LEAVES _____

FLOWERS _____

FRUITS _____

ROOTS _____

STEM/TRUNK _____

PLANT FAMILY _____

HABITAT & ENVIRONMENT

_____
_____
_____
_____
_____
_____
_____
_____
_____
_____

EFFECT & USAGE

_____
_____
_____
_____
_____
_____
_____
_____
_____

ADDITIONAL NOTES

_____
_____
_____
_____
_____

DATE _____ LOCATION _____

SIZE _____

LEAVES _____

FLOWERS _____

FRUITS _____

ROOTS _____

STEM/TRUNK _____

PLANT FAMILY _____

HABITAT & ENVIRONMENT

_____
_____
_____
_____
_____
_____
_____
_____
_____
_____
_____

EFFECT & USAGE

_____
_____
_____
_____
_____
_____
_____
_____
_____
_____

ADDITIONAL NOTES

_____
_____
_____
_____
_____

DATE _____ LOCATION _____

SIZE _____

LEAVES _____

FLOWERS _____

FRUITS _____

ROOTS _____

STEM/TRUNK _____

PLANT FAMILY _____

HABITAT & ENVIRONMENT

_____
_____
_____
_____
_____
_____
_____
_____
_____
_____

EFFECT & USAGE

_____
_____
_____
_____
_____
_____
_____
_____
_____

ADDITIONAL NOTES

_____
_____
_____
_____
_____

DATE _____ LOCATION _____

SIZE _____

LEAVES _____

FLOWERS _____

FRUITS _____

ROOTS _____

STEM/TRUNK _____

PLANT FAMILY _____

HABITAT & ENVIRONMENT

_____
_____
_____
_____
_____
_____
_____
_____
_____
_____

EFFECT & USAGE

_____
_____
_____
_____
_____
_____
_____
_____
_____
_____

ADDITIONAL NOTES

_____
_____
_____
_____
_____

DATE _____ LOCATION _____

SIZE _____

LEAVES _____

FLOWERS _____

FRUITS _____

ROOTS _____

STEM/TRUNK _____

PLANT FAMILY _____

HABITAT & ENVIRONMENT

_____
_____
_____
_____
_____
_____
_____
_____
_____

EFFECT & USAGE

_____
_____
_____
_____
_____
_____
_____
_____
_____

ADDITIONAL NOTES

_____
_____
_____
_____
_____

DATE _____   LOCATION _____

SIZE _____

LEAVES _____

FLOWERS _____

FRUITS _____

ROOTS _____

STEM/TRUNK _____

PLANT FAMILY _____

HABITAT & ENVIRONMENT

_____
_____
_____
_____
_____
_____
_____
_____
_____
_____
_____

EFFECT & USAGE

_____
_____
_____
_____
_____
_____
_____
_____
_____
_____
_____

ADDITIONAL NOTES

_____
_____
_____
_____
_____

DATE _____ LOCATION _____

SIZE _____

LEAVES _____

FLOWERS _____

FRUITS _____

ROOTS _____

STEM/TRUNK _____

PLANT FAMILY _____

HABITAT & ENVIRONMENT

_____
_____
_____
_____
_____
_____
_____
_____
_____
_____

EFFECT & USAGE

_____
_____
_____
_____
_____
_____
_____
_____
_____
_____

ADDITIONAL NOTES

_____
_____
_____
_____
_____

DATE _____ LOCATION _____

SIZE _____

LEAVES _____

FLOWERS _____

FRUITS _____

ROOTS _____

STEM/TRUNK _____

PLANT FAMILY _____

HABITAT & ENVIRONMENT

_____
_____
_____
_____
_____
_____
_____
_____
_____
_____
_____

EFFECT & USAGE

_____
_____
_____
_____
_____
_____
_____
_____
_____
_____

ADDITIONAL NOTES

_____
_____
_____
_____
_____

DATE _____ LOCATION _____

SIZE _____

LEAVES _____

FLOWERS _____

FRUITS _____

ROOTS _____

STEM/TRUNK _____

PLANT FAMILY _____

HABITAT & ENVIRONMENT

_____
_____
_____
_____
_____
_____
_____
_____
_____

EFFECT & USAGE

_____
_____
_____
_____
_____
_____
_____
_____
_____

ADDITIONAL NOTES

_____
_____
_____
_____
_____

DATE _____ LOCATION _____

SIZE _____

LEAVES _____

FLOWERS _____

FRUITS _____

ROOTS _____

STEM/TRUNK _____

PLANT FAMILY _____

HABITAT & ENVIRONMENT

_____
_____
_____
_____
_____
_____
_____
_____
_____
_____

EFFECT & USAGE

_____
_____
_____
_____
_____
_____
_____
_____
_____
_____

ADDITIONAL NOTES

_____
_____
_____
_____
_____

DATE _____ LOCATION _____

SIZE _____

LEAVES _____

FLOWERS _____

FRUITS _____

ROOTS _____

STEM/TRUNK _____

PLANT FAMILY _____

HABITAT & ENVIRONMENT

_____
_____
_____
_____
_____
_____
_____
_____
_____
_____

EFFECT & USAGE

_____
_____
_____
_____
_____
_____
_____
_____
_____

ADDITIONAL NOTES

_____
_____
_____
_____
_____

DATE _____ LOCATION _____

SIZE _____

LEAVES _____

FLOWERS _____

FRUITS _____

ROOTS _____

STEM/TRUNK _____

PLANT FAMILY _____

HABITAT & ENVIRONMENT

_____
_____
_____
_____
_____
_____
_____
_____
_____
_____

EFFECT & USAGE

_____
_____
_____
_____
_____
_____
_____
_____
_____
_____

ADDITIONAL NOTES

_____
_____
_____
_____
_____

DATE _____ LOCATION _____

SIZE _____

LEAVES _____

FLOWERS _____

FRUITS _____

ROOTS _____

STEM/TRUNK _____

PLANT FAMILY _____

HABITAT & ENVIRONMENT

_____
_____
_____
_____
_____
_____
_____
_____
_____

EFFECT & USAGE

_____
_____
_____
_____
_____
_____
_____
_____
_____
_____

ADDITIONAL NOTES

_____
_____
_____
_____
_____

DATE _____ LOCATION _____

SIZE _____

LEAVES _____

FLOWERS _____

FRUITS _____

ROOTS _____

STEM/TRUNK _____

PLANT FAMILY _____

HABITAT & ENVIRONMENT

_____
_____
_____
_____
_____
_____
_____
_____
_____

EFFECT & USAGE

_____
_____
_____
_____
_____
_____
_____
_____
_____

ADDITIONAL NOTES

_____
_____
_____
_____
_____

DATE _____   LOCATION _____

SIZE _____

LEAVES _____

FLOWERS _____

FRUITS _____

ROOTS _____

STEM/TRUNK _____

PLANT FAMILY _____

HABITAT & ENVIRONMENT

_____
_____
_____
_____
_____
_____
_____
_____
_____
_____
_____

EFFECT & USAGE

_____
_____
_____
_____
_____
_____
_____
_____
_____
_____
_____

ADDITIONAL NOTES

_____
_____
_____
_____
_____

DATE _____   LOCATION _____

SIZE _____

LEAVES _____

FLOWERS _____

FRUITS _____

ROOTS _____

STEM/TRUNK _____

PLANT FAMILY _____

HABITAT & ENVIRONMENT

_____
_____
_____
_____
_____
_____
_____
_____
_____
_____

EFFECT & USAGE

_____
_____
_____
_____
_____
_____
_____
_____
_____
_____
_____

ADDITIONAL NOTES

_____
_____
_____
_____
_____

DATE _____ LOCATION _____

SIZE _____

LEAVES _____

FLOWERS _____

FRUITS _____

ROOTS _____

STEM/TRUNK _____

PLANT FAMILY _____

HABITAT & ENVIRONMENT

_____
_____
_____
_____
_____
_____
_____
_____
_____
_____
_____

EFFECT & USAGE

_____
_____
_____
_____
_____
_____
_____
_____
_____
_____
_____
_____

ADDITIONAL NOTES

_____
_____
_____
_____
_____

DATE _____   LOCATION _____

SIZE _____

LEAVES _____

FLOWERS _____

FRUITS _____

ROOTS _____

STEM/TRUNK _____

PLANT FAMILY _____

HABITAT & ENVIRONMENT

_____
_____
_____
_____
_____
_____
_____
_____
_____
_____

EFFECT & USAGE

_____
_____
_____
_____
_____
_____
_____
_____
_____
_____
_____

ADDITIONAL NOTES

_____
_____
_____
_____
_____

DATE _____ LOCATION _____

SIZE _____

LEAVES _____

FLOWERS _____

FRUITS _____

ROOTS _____

STEM/TRUNK _____

PLANT FAMILY _____

HABITAT & ENVIRONMENT

_____
_____
_____
_____
_____
_____
_____
_____
_____
_____
_____

EFFECT & USAGE

_____
_____
_____
_____
_____
_____
_____
_____
_____
_____
_____

ADDITIONAL NOTES

_____
_____
_____
_____
_____

DATE _____ LOCATION _____

SIZE _____

LEAVES _____

FLOWERS _____

FRUITS _____

ROOTS _____

STEM/TRUNK _____

PLANT FAMILY _____

HABITAT & ENVIRONMENT

_____
_____
_____
_____
_____
_____
_____
_____
_____
_____

EFFECT & USAGE

_____
_____
_____
_____
_____
_____
_____
_____
_____
_____

ADDITIONAL NOTES

_____
_____
_____
_____
_____

DATE _____   LOCATION _____

SIZE _____

LEAVES _____

FLOWERS _____

FRUITS _____

ROOTS _____

STEM/TRUNK _____

PLANT FAMILY _____

HABITAT & ENVIRONMENT

_____
_____
_____
_____
_____
_____
_____
_____
_____
_____

EFFECT & USAGE

_____
_____
_____
_____
_____
_____
_____
_____
_____
_____
_____

ADDITIONAL NOTES

_____
_____
_____
_____
_____

DATE _____ LOCATION _____

SIZE _____

LEAVES _____

FLOWERS _____

FRUITS _____

ROOTS _____

STEM/TRUNK _____

PLANT FAMILY _____

HABITAT & ENVIRONMENT

_____
_____
_____
_____
_____
_____
_____
_____
_____
_____

EFFECT & USAGE

_____
_____
_____
_____
_____
_____
_____
_____
_____
_____
_____

ADDITIONAL NOTES

_____
_____
_____
_____
_____

DATE _____ LOCATION _____

SIZE _____

LEAVES _____

FLOWERS _____

FRUITS _____

ROOTS _____

STEM/TRUNK _____

PLANT FAMILY _____

HABITAT & ENVIRONMENT

_____
_____
_____
_____
_____
_____
_____
_____
_____
_____

EFFECT & USAGE

_____
_____
_____
_____
_____
_____
_____
_____
_____
_____
_____

ADDITIONAL NOTES

_____
_____
_____
_____
_____

DATE _____ LOCATION _____

SIZE _____

LEAVES _____

FLOWERS _____

FRUITS _____

ROOTS _____

STEM/TRUNK _____

PLANT FAMILY _____

HABITAT & ENVIRONMENT

_____
_____
_____
_____
_____
_____
_____
_____
_____
_____

EFFECT & USAGE

_____
_____
_____
_____
_____
_____
_____
_____
_____
_____

ADDITIONAL NOTES

_____
_____
_____
_____
_____

DATE _____ LOCATION _____

SIZE _____

LEAVES _____

FLOWERS _____

FRUITS _____

ROOTS _____

STEM/TRUNK _____

PLANT FAMILY _____

HABITAT & ENVIRONMENT

_____
_____
_____
_____
_____
_____
_____
_____
_____
_____
_____

EFFECT & USAGE

_____
_____
_____
_____
_____
_____
_____
_____
_____
_____
_____

ADDITIONAL NOTES

_____
_____
_____
_____
_____

DATE _____ LOCATION _____

SIZE _____

LEAVES _____

FLOWERS _____

FRUITS _____

ROOTS _____

STEM/TRUNK _____

PLANT FAMILY _____

HABITAT & ENVIRONMENT

_____
_____
_____
_____
_____
_____
_____
_____
_____
_____
_____

EFFECT & USAGE

_____
_____
_____
_____
_____
_____
_____
_____
_____
_____
_____

ADDITIONAL NOTES

_____
_____
_____
_____
_____

DATE _____   LOCATION _____

SIZE _____

LEAVES _____

FLOWERS _____

FRUITS _____

ROOTS _____

STEM/TRUNK _____

PLANT FAMILY _____

HABITAT & ENVIRONMENT

_____
_____
_____
_____
_____
_____
_____
_____
_____

EFFECT & USAGE

_____
_____
_____
_____
_____
_____
_____
_____
_____
_____
_____

ADDITIONAL NOTES

_____
_____
_____
_____
_____

DATE _____ LOCATION _____

SIZE _____

LEAVES _____

FLOWERS _____

FRUITS _____

ROOTS _____

STEM/TRUNK _____

PLANT FAMILY _____

HABITAT & ENVIRONMENT

_____
_____
_____
_____
_____
_____
_____
_____
_____
_____

EFFECT & USAGE

_____
_____
_____
_____
_____
_____
_____
_____
_____
_____
_____

ADDITIONAL NOTES

_____
_____
_____
_____
_____

DATE _____   LOCATION _____

SIZE _____

LEAVES _____

FLOWERS _____

FRUITS _____

ROOTS _____

STEM/TRUNK _____

PLANT FAMILY _____

HABITAT & ENVIRONMENT

_____
_____
_____
_____
_____
_____
_____
_____
_____
_____

EFFECT & USAGE

_____
_____
_____
_____
_____
_____
_____
_____
_____
_____

ADDITIONAL NOTES

_____
_____
_____
_____
_____

DATE _____ LOCATION _____

SIZE _____

LEAVES _____

FLOWERS _____

FRUITS _____

ROOTS _____

STEM/TRUNK _____

PLANT FAMILY _____

HABITAT & ENVIRONMENT

_____
_____
_____
_____
_____
_____
_____
_____
_____
_____

EFFECT & USAGE

_____
_____
_____
_____
_____
_____
_____
_____
_____
_____

ADDITIONAL NOTES

_____
_____
_____
_____
_____

DATE _____ LOCATION _____

SIZE _____

LEAVES _____

FLOWERS _____

FRUITS _____

ROOTS _____

STEM/TRUNK _____

PLANT FAMILY _____

HABITAT & ENVIRONMENT

_____
_____
_____
_____
_____
_____
_____
_____
_____
_____
_____

EFFECT & USAGE

_____
_____
_____
_____
_____
_____
_____
_____
_____
_____
_____

ADDITIONAL NOTES

_____
_____
_____
_____
_____

DATE _____ LOCATION _____

SIZE _____

LEAVES _____

FLOWERS _____

FRUITS _____

ROOTS _____

STEM/TRUNK _____

PLANT FAMILY _____

HABITAT & ENVIRONMENT

_____
_____
_____
_____
_____
_____
_____
_____
_____
_____

EFFECT & USAGE

_____
_____
_____
_____
_____
_____
_____
_____
_____
_____

ADDITIONAL NOTES

_____
_____
_____
_____
_____

DATE _____ LOCATION _____

SIZE _____

LEAVES _____

FLOWERS _____

FRUITS _____

ROOTS _____

STEM/TRUNK _____

PLANT FAMILY _____

HABITAT & ENVIRONMENT

_____
_____
_____
_____
_____
_____
_____
_____
_____
_____

EFFECT & USAGE

_____
_____
_____
_____
_____
_____
_____
_____
_____
_____

ADDITIONAL NOTES

_____
_____
_____
_____
_____

DATE _____ LOCATION _____

SIZE _____

LEAVES _____

FLOWERS _____

FRUITS _____

ROOTS _____

STEM/TRUNK _____

PLANT FAMILY _____

HABITAT & ENVIRONMENT

_____
_____
_____
_____
_____
_____
_____
_____
_____
_____

EFFECT & USAGE

_____
_____
_____
_____
_____
_____
_____
_____
_____
_____
_____

ADDITIONAL NOTES

_____
_____
_____
_____
_____

DATE _____ LOCATION _____

SIZE _____

LEAVES _____

FLOWERS _____

FRUITS _____

ROOTS _____

STEM/TRUNK _____

PLANT FAMILY _____

HABITAT & ENVIRONMENT

_____
_____
_____
_____
_____
_____
_____
_____
_____
_____

EFFECT & USAGE

_____
_____
_____
_____
_____
_____
_____
_____
_____
_____

ADDITIONAL NOTES

_____
_____
_____
_____
_____

DATE _____   LOCATION _____

SIZE _____

LEAVES _____

FLOWERS _____

FRUITS _____

ROOTS _____

STEM/TRUNK _____

PLANT FAMILY _____

HABITAT & ENVIRONMENT

_____
_____
_____
_____
_____
_____
_____
_____
_____
_____

EFFECT & USAGE

_____
_____
_____
_____
_____
_____
_____
_____
_____
_____

ADDITIONAL NOTES

_____
_____
_____
_____
_____

DATE _____ LOCATION _____

SIZE _____

LEAVES _____

FLOWERS _____

FRUITS _____

ROOTS _____

STEM/TRUNK _____

PLANT FAMILY _____

HABITAT & ENVIRONMENT

_____
_____
_____
_____
_____
_____
_____
_____
_____
_____

EFFECT & USAGE

_____
_____
_____
_____
_____
_____
_____
_____
_____
_____

ADDITIONAL NOTES

_____
_____
_____
_____
_____

DATE _____ LOCATION _____

SIZE _____

LEAVES _____

FLOWERS _____

FRUITS _____

ROOTS _____

STEM/TRUNK _____

PLANT FAMILY _____

HABITAT & ENVIRONMENT

_____
_____
_____
_____
_____
_____
_____
_____
_____
_____
_____

EFFECT & USAGE

_____
_____
_____
_____
_____
_____
_____
_____
_____
_____
_____

ADDITIONAL NOTES

_____
_____
_____
_____
_____

DATE _____ LOCATION _____

SIZE _____

LEAVES _____

FLOWERS _____

FRUITS _____

ROOTS _____

STEM/TRUNK _____

PLANT FAMILY _____

HABITAT & ENVIRONMENT

_____
_____
_____
_____
_____
_____
_____
_____
_____
_____
_____

EFFECT & USAGE

_____
_____
_____
_____
_____
_____
_____
_____
_____
_____
_____

ADDITIONAL NOTES

_____
_____
_____
_____
_____

DATE _____   LOCATION _____

SIZE _____

LEAVES _____

FLOWERS _____

FRUITS _____

ROOTS _____

STEM/TRUNK _____

PLANT FAMILY _____

HABITAT & ENVIRONMENT

_____
_____
_____
_____
_____
_____
_____
_____
_____
_____

EFFECT & USAGE

_____
_____
_____
_____
_____
_____
_____
_____
_____
_____

ADDITIONAL NOTES

_____
_____
_____
_____
_____

DATE _____ LOCATION _____

SIZE _____

LEAVES _____

FLOWERS _____

FRUITS _____

ROOTS _____

STEM/TRUNK _____

PLANT FAMILY _____

HABITAT & ENVIRONMENT

_____
_____
_____
_____
_____
_____
_____
_____
_____
_____

EFFECT & USAGE

_____
_____
_____
_____
_____
_____
_____
_____
_____
_____

ADDITIONAL NOTES

_____
_____
_____
_____
_____

DATE _____ LOCATION _____

SIZE _____

LEAVES _____

FLOWERS _____

FRUITS _____

ROOTS _____

STEM/TRUNK _____

PLANT FAMILY _____

HABITAT & ENVIRONMENT

_____
_____
_____
_____
_____
_____
_____
_____
_____
_____
_____

EFFECT & USAGE

_____
_____
_____
_____
_____
_____
_____
_____
_____
_____
_____

ADDITIONAL NOTES

_____
_____
_____
_____
_____

DATE _____ LOCATION _____

SIZE _____

LEAVES _____

FLOWERS _____

FRUITS _____

ROOTS _____

STEM/TRUNK _____

PLANT FAMILY _____

HABITAT & ENVIRONMENT

_____
_____
_____
_____
_____
_____
_____
_____
_____
_____

EFFECT & USAGE

_____
_____
_____
_____
_____
_____
_____
_____
_____
_____
_____

ADDITIONAL NOTES

_____
_____
_____
_____
_____

DATE _____ LOCATION _____

SIZE _____

LEAVES _____

FLOWERS _____

FRUITS _____

ROOTS _____

STEM/TRUNK _____

PLANT FAMILY _____

HABITAT & ENVIRONMENT

_____
_____
_____
_____
_____
_____
_____
_____
_____
_____

EFFECT & USAGE

_____
_____
_____
_____
_____
_____
_____
_____
_____
_____

ADDITIONAL NOTES

_____
_____
_____
_____
_____

IMPRINT

Design & Text © by SkizzenMonster

Krischan Meder
Martin-Luther-Str. 58
D-10779 Berlin
Germany

Print by Amazon europe

Amazon Media EU S.à r.l.
5 Rue Plaetis
L-2338 Luxembourg

Made in the USA
Monee, IL
04 June 2022

97413978R00072